Jardins Secrets, secrets de vie

Crédits photographiques

Jardins Secrets : 10-11, 12, 14, 15, 41 b, 42, 44
Gilles Lansard : 18, 20 g, 24, 25 m et d, 26 h, 26 bd, 27 hd, 28, 29, 30, 32, 34, 37, 38, 39, 40, 43
Christian Le Maître : 22 d, 27 hm et b
Paul Lutz : 3, 20d, 21, 25 g, 26 bg, 27 hg, 33, 36, 48
Claudie Mangold : 41 (en fond)
Leïla Moumen : 17, 22 g
Robert Taurines : 4, 23, 35, 45

Couverture : Gilles Lansard, Paul Lutz, Robert Taurines

Réalisation : Libris (Grenoble)
Édition : Jean-Paul Rousselet, Sandrine Stefaniak/Libris
Mise en page : Sandrine Stefaniak/Libris

ISBN : 978-2-7459-1634-1
Dépôt légal : 1er trimestre 2008
Imprimé par Fournié en France

Nicole Moumen

Jardins Secrets, secrets de vie

MILAN

Derrière la porte
des secrets révélés,
technique de bois
découpé et rapporté,
inspirée des portes
berbères.

Première partie

Le fil d'Ariane

Parfois, la vie s'amuse et se rit de nous, faisant fi des évidences, brouillant les pistes, empruntant des chemins de traverse pour transformer un jardin clair en dédale si foisonnant qu'Ariane même en resterait perplexe, son fil à la main...

Ainsi se déroule notre histoire. Une histoire au cœur d'un labyrinthe où s'élaborent encore et encore nos Jardins Secrets.

Ariane, c'est lui ! Mon compagnon fidèle et dissipé, à la tête pleine de contradictions, aux émotions tempétueuses et imprévisibles. Quelle fée, penchée sur son berceau, lui a donné l'Amour ? Quelle sorcière a engendré en lui la désobéissance ? Quel démon inspiré lui a insufflé la liberté ? Et quel farfadet espiègle a fait se croiser nos chemins ?

À la source de nos deux vies, des pays lumineux de mer, de soleil, de jardins parfumés et savoureux, héritage heureux qui a laissé en nous une identique nostalgie.

Mais là s'arrête la similitude. Pendant que je prends, sagement, le chemin de l'école, il court dans les buissons, la révolte au ventre...

Pendant que, laborieusement, leçons et devoirs structurent ma pensée et balisent mon chemin, le sien suit les dédales sinueux de sa médina intérieure pleine de surprises et d'émotions... Son école vaut bien la mienne ! Elle n'a pas de bornes et ouvre directement sur l'immensité de la liberté.

Déjà, il en a flairé le vent capiteux, et dans son jardin secret de désordre et de merveilles, il échafaude fébrilement sa première maison refuge ; un radeau qui le mènerait loin de tout ce qu'il déteste : les contraintes et les conventions.

Le fuyard récupéré est prié de mettre un terme à ses vagabondages. Qu'importe ! En secret, il continue à errer délicieusement dans sa tête, toute foisonnante d'idées naïves et farfelues.

Dans la mienne, se tracent de longues allées bien jalonnées que j'arpente avec un peu d'ennui. Pourtant, j'évite de m'en éloigner, par peur de me perdre...

Lui n'a pas peur ! À dix-huit ans, malade de liberté inassouvie, il saute la Méditerranée et atterrit dans sa nouvelle maison refuge, un institut médico-pédagogique pour enfants inadaptés. Le directeur comprend que l'énergie et l'enthousiasme de cet oiseau migrateur pallieront à son inexpérience et lui propose une formation d'éducateur au sein de son établissement.

Stimulé par cette confiance, confronté à une équipe d'éducateurs compétents, il mesure vite l'ampleur de ses carences, la profondeur de ses lacunes… S'installe alors en lui une frénésie d'apprendre, de connaître, afin de charpenter sa tête et son corps restés en friche.

Soigneusement, avec intransigeance, il choisit ses phares, et d'instinct, va au meilleur de la poésie, de la littérature, de la musique, de la psychanalyse, s'inventant une vie saine et active dont il ne se départira jamais.

Pendant qu'il explore avec avidité les pistes des grands aventuriers de la pensée, je me rassure dans mes livres d'étude où j'apprends ordre, méthode, clarté. Je choisis la psychologie et je dois faire un stage dans un établissement pour enfants handicapés afin de valider mon année de faculté…

C'est alors qu'intervient le farfadet malicieux…

Il a fallu plus de vingt ans pour que le long fleuve tranquille d'une grande fille sage rencontre le tumultueux torrent d'un garçon fou… Il a fallu un mois d'été pour qu'ils décident tous deux de mêler leurs eaux.

Avec quel bonheur insouciant avons nous fait notre nid pour abriter les bébés doux et chauds dont nous avions envie ! Nid refuge encore, creuset tendre où commence à naître notre nouvelle famille dans un rituel heureux de seins donnés, de baisers, de berceuses et de comptines… Je ferme alors mes manuels de psychologie pour apprendre dans les bras câlins de mes trois irrésistibles despotes toutes les subtilités de l'amour à donner et à partager.

Les quatre années durant lesquelles naissent nos trois petites filles me laissent encore aujourd'hui un souvenir précieux de plénitude et de bonheur maternel.

Pendant que je pouponne, des idées de voyage hantent la tête du papa oiseau. À présent, son travail d'éducateur l'empêche de voler, et il n'est pas homme à se laisser rogner les ailes ! Mais comment et où partir sans diplôme et sans argent ?

C'est alors que surgit dans un coin de sa mémoire, une recette oubliée de sa lointaine maman. Il la revoit prendre de ses mains habiles un peu de pâte énergiquement battue et d'un geste prompt, la jeter en l'étirant dans l'huile bouillante. Aussitôt, la pâte se boursoufle, se gonfle, se creuse pour former des beignets dorés. Je me souviens moi aussi de ces délices sucrés que les jeunes garçons vendaient sur la plage et qui faisaient notre régal après le bain.

Inutile de chercher plus loin, l'idée est là !

Très vite, la décision est prise d'abandonner la tiédeur d'une vie bien tracée et d'équiper à la hâte une vieille fourgonnette pour sillonner les routes en quête de fêtes, foires et marchés où nous pourrions vendre nos beignets d'enfance que les forains appelleront « bougnettes » en baptisant « Chichi » leur nouveau compagnon pâtissier. Chichi s'adapte vite à cette vie de bohème amicale et débrouillarde dont il apprend les astuces et le jargon.

Levé à l'aube, il nous revient les bras chargés de cageots remplis de légumes, de fruits, d'œufs et de fromages fermiers troqués avec les maraîchers contre quelques bougnettes dorées. Certains jours, il déballe avec une mine ravie un pot à lait ébréché, un coffret sculpté, une vieille boîte à sel, un rabot vermoulu achetés sur une foire, à un brocanteur. Je le gronde un peu :

« Encore des vieilleries alors qu'on n'a pas un sou !

– Ne t'inquiète pas, j'ai une idée ! »

Chaque après-midi, il bricole, dans de vieilles planches ramassées çà et là, de drôles d'objets, des meubles hybrides dont il est très fier. Je considère ces bizarreries avec une méfiance mêlée d'adhésion timide, et pour me convaincre, il lance avec un air si important qu'il en est cocasse :

« Tu sais ce que disait Baudelaire : le beau est toujours bizarre ! »

Je ne comprends pas encore toute la pertinence de cette affirmation, mais c'est pourtant sans trop d'inquiétude que j'adhère définitivement à son idée.

« Tu vois ces meubles, on va les vendre dans les foires à la brocante ! C'est du jamais vu, on va faire un malheur ! »

Dans notre voiture bringuebalante, nous entassons nos trésors. Comme toujours, il me rassure :

« Tu vas voir, ça va marcher ! Il faut que ça marche ! »

Force est de constater qu'au terme de notre première expérience de brocanteurs novices, nous ramenons tous nos meubles... Nous ramenons aussi de cette journée exténuante une petite phrase désinvolte et cruelle lancée par une passante arrêtée un instant devant notre bric-à-brac.

« Comme c'est bizarre, on dirait des meubles de je ne sais quoi, faits par je ne sais qui ! »

Sur le chemin du retour, dépités et excités à la fois, nous commentons cette gifle salutaire. Nous venons de comprendre que pour innover et créer, il faut d'abord être curieux et humble, former son jugement, éduquer son goût à l'abri des modes en côtoyant assidûment à travers les livres, les musées, les expositions, ce que l'homme a engendré de meilleur.

Ni l'un, ni l'autre dans notre enfance n'avons baigné dans un climat propice à l'éclosion de ce goût pour le beau. Dans le monde de l'art, nous sommes des incultes. Il faut nous mettre au travail et dans un premier temps, observer, engranger ce que d'autres avant nous ont su, avec hardiesse et talent, réaliser. Puis, viendra le temps de la copie, modeste et besogneuse. Nous sommes prêts à relever le défi !

Chemin faisant, nos trois fillettes poussent comme des petites fleurs des champs. Ce ne sont pas des plantes de serre, frileuses et fragiles. Les flonflons des fêtes, les intempéries, le camping rudimentaire n'altèrent pas leur vitalité de petites filles rieuses, chamailleuses, quémandeuses d'amour. Leur terreau est riche. En jardiniers pleins de sollicitude, nous leur offrons notre temps, préoccupés à leur faire de solides racines malgré leurs fréquentes transplantations, l'hiver à la mer, l'été à la montagne.

Elles ont les joues roses, encadrées de bouclettes brunes. Je joue à la poupée avec mes trois sauvageonnes câlines. On ne se quitte pas...

Elles sont maintenant en âge d'être scolarisées et nous devons louer un appartement plus confortable. Notre vieille voiture fait une tâche discordante sur le parking d'un immeuble morose. Nous le quittons vite et sans regret et décidons d'aller nous poser au bord de la mer, dans une petite maison entourée d'un jardinet fleuri de marguerites et de lavande.

Nous ne savions pas encore que ce jardin abritait un lutin facétieux qui se réjouirait à dévier le cours de notre histoire, plaçant sur notre route une bonne fée inespérée.

En attendant, la vie coule tranquille dans notre maisonnette. Un petit chemin mène à la mer. Je suis une maman poule entourée de trois poussines dorées de soleil pendant que notre coq, ses beignets vendus, vagabonde sur la plage, à la recherche de planches ravinées rejetées par la mer. Il stocke son butin avec des airs plein d'un mystère que je n'ose pénétrer. Un jour, il dépose au fond du jardin un lot de vieilles traverses de chemin de fer crevassées et déclare avec sa mine réjouie annonciatrice d'intentions singulières :

« Tu vas voir ! J'ai une idée ! Du jamais vu. On va faire un malheur ! »

Cette petite phrase, je la connais déjà et je m'en méfie un peu... Mon air dubitatif l'excède et l'incite à dévoiler enfin son secret. Il lance triomphant :

« Avec ce bois, je vais faire des meubles !

– Encore ! Mais... tu n'as pas de machines !

– Pas besoin ! Dans le temps, on n'avait pas de machines et on faisait des merveilles ! »

Et les merveilles sont là, dans les livres et les revues qui s'entassent autour de nous et qu'il consulte assidûment : son gisement d'idées, sa caverne d'Ali Baba, sa pépinière de semences en gestation. Tout est là, dans les livres, comme autant de trésors ensevelis qui n'attendent que son regard et sa main pour se révéler.

Dans notre maison-atelier, du matin au soir, il s'affaire en sifflotant, scie, rabote, cloue, râpe, sculpte, jure, s'esclaffe, exulte !

Gratté et poncé, le vieux chêne sali par la poussière et la graisse des trains retrouve son lustre et sa beauté. Alors, dans l'exaltation, il construit des meubles empreints de poésie que son œil maintenant avisé a sélectionné dans les livres et qu'il reproduit avec patience et fidélité. Sculptés, patinés, ils sont touchants de naïveté.

Nos amis, intrigués puis séduits, commencent à s'intéresser à notre mobilier inédit, réalisé avec quelques outils rudimentaires, si peu d'expérience mais tant d'amour !

Les fées doivent sûrement recharger leur baguette au fluide de cet amour puisqu'un jour, l'une d'elles arrive là, près du bosquet de lavande où il s'affaire à patiner un meuble nouveau-né…

« Vous faites des meubles ?, demande-t-elle.

– Oui !

– Vous êtes ébéniste ?

– Heu… oui !

– Je cherche depuis longtemps une table de monastère. Pourriez-vous la réaliser ?

– Heu… oui !

– Mais je voudrais qu'elle ait l'air ancien. »

Il s'enhardit :

« Alors là, pas de problème, vous ne serez pas déçue ! ».

La bonne fée repart, ayant pris soin de nous laisser une petite bourse bienvenue avec laquelle nous achetons notre première machine d'occasion, une scie à ruban, vite installée dans le jardin. Bientôt, un appentis construit à la hâte accueille l'indispensable combinée, achetée à crédit.

Peu de temps après, la fée enchantée s'empresse de révéler à la ronde qu'il y a dans le jardin du lutin, un drôle de petit bonhomme qui fabrique de drôles de meubles avec les planches de l'arche de Noé. Cette soudaine célébrité fait qu'il me déclare un matin péremptoirement :

« Les beignets, c'est fini ! On va faire des meubles ! »

Pourquoi pas ? Depuis quelque temps, je me suis associée à son activité de nouvel ébéniste et j'y prends du plaisir. Mon horizon, rétréci par des années passées à pouponner, s'élargit en même temps que j'apprends à travailler le bois. J'aime patiner les meubles que sa hâte et sa frénésie l'empêchent de terminer. J'aime surtout poncer et lustrer le vieux chêne pour lui donner la douceur d'une peau.

Un jour, j'ai envie de couleur pour égayer la chambre de nos petites filles. Sur un coffre apprêté au blanc de Meudon, je peins à la gouache un décor de poules et de fleurs, sorti d'un livre d'enfant. C'est gauche mais prometteur. Je ne sais pas peindre mais je suis motivée. Comme toujours et toujours convaincu, avec son irrésistible optimisme, il m'encourage :

« Bravo ! Continue ! Tu vas y arriver ! »

J'ai besoin de sa foi pour croire en moi, de sa force pour avancer, moi qui ne marche encore qu'en tâtonnant.

Peu à peu, avec beaucoup de travail, le miracle s'accomplit : j'avance, je cours, je danse, emportée dans un tourbillon de trouvailles, d'expériences et de découvertes.

Depuis des années, il moissonne, récolte, engrange. À mon tour maintenant de glaner et remiser. Notre grenier se remplit de bons grains. Nous sommes déjà riches de sensations, d'émotions, d'idées qui fleuriront au plus profond de nos jardins secrets. Mais tout reste à apprendre : pénétrer dans l'intimité de la matière, reconnaître les essences de bois, en tirer parti au mieux, apprivoiser la couleur, éduquer la main malhabile, déchiffrer les secrets du bois, de la peinture, de la patine, et retrouver l'usage des bons produits du temps jadis. À chaque découverte, nous exultons. Une nouvelle histoire est à inventer que nous écrirons dorénavant à quatre mains sur les pages blanches de notre vie.

Nous avons maintenant regagné nos montagnes et habitons une toute petite maison au bord de la route. Derrière elle, s'étalent un jardinet à l'ombre d'un tilleul, une prairie grasse et fleurie et un potager visité sous la lune par un lapin que nos trois Alice ont apprivoisé. Le garage-atelier devient l'épicentre d'un laboratoire vivant. Du matin au soir, du chaudron bouillonnant de l'apprenti sorcier, sortent des meubles étranges. Lacérés de coups de chaîne, piquetés, griffés, roulés sur le gravier, ils sont jetés sans ménagement sous le soleil et la pluie. Après le purgatoire, vient le temps de la résurrection. À moi de jouer maintenant : je nettoie, ponce, cire et lustre les meubles meurtris qui révèlent alors toute leur grâce rustique. C'est du « flambant vieux » dont raffolent les brocanteurs.

Parfois, un meuble échappe à ce traitement de choc et se pare de guirlandes de fleurs délicates et naïves. Il rejoint au bord de la route ses compagnons noirauds et balafrés.

Des amateurs curieux repèrent ces meubles singuliers, s'arrêtent, achètent, conseillent :

« Il y a un salon à Paris, ouvert aux professionnels de la décoration. Vous devriez exposer vos meubles peints. »

Nous décidons alors de tenter notre chance et remplissons notre vieux camion de meubles campagnards, qu'il a réalisés avec une charmante gaucherie et que j'ai peints avec une maladroite application, toujours encouragée par mon compère à la foi inébranlable.

« Bravo ! Continue ! Tu vas y arriver ! »

La magie de cette petite phrase, en même temps qu'elle me révélait à moi-même, allait nous ouvrir un champ de « possibles » jusqu'alors inespéré...

C'est dans l'euphorie que nous rentrons de notre premier salon, notre camion vide, notre carnet de commande rempli.

Avec toute notre candeur d'artisans néophytes, ignorants des modes, nous pénétrons dans le monde de la décoration au moment le plus opportun et à l'endroit précis où s'élaborent les courants d'idées et les nouvelles tendances. À l'époque des châles tissés, des sabots de bois et des fromages fermiers, on prône le retour à la nature, à la vie simple, aux objets « faits main ». Nous sommes exactement dans le vent, et nous l'avons en poupe.

Nous saisissons cette chance. La fraîcheur de nos meubles, notre ardeur au travail feront le reste. Très vite, nous créons une petite entreprise de meubles peints, baptisée Le Chant des Fleurs, étape prémonitoire sur la route de nos Jardins Secrets.

C'en est fini de notre vie de bohème, insouciante et légère. Nous devons à présent gérer notre nouvelle activité pour plus d'efficacité. Des mots jusqu'alors inusités apparaissent dans notre vocable commun : embauche, facture, traite, fiche de paie, comptabilité, chiffre d'affaires, taxes, impôts...

Il faut déménager, louer atelier et entrepôt, embaucher, investir dans un véhicule et des machines, stocker, expédier, livrer. Nos meubles fleuris partent aux quatre coins de la France et sont revendus dans de belles boutiques de décoration. Nous sommes fiers de cette reconnaissance professionnelle, nous, les autodidactes.

Le Chant des Fleurs devient une ruche bourdonnante qu'il coordonne avec pétulance pendant qu'inlassablement, je peins... Je peins en surveillant le dîner et les devoirs des enfants, je peins en parlant et en écoutant parler. Du matin au soir, souvent tard dans la nuit, je peins, assidûment parce que c'est mon travail, passionnément parce que c'est mon plaisir !

Des milliers de meubles naissent sous mes mains, toujours avec le même amour. Je récolte maintenant le fruit de ma persévérance. À force de tâtonnements, je mets au point une technique très simple pour rendre la subtilité des tons pastel que je recherche.

Je m'affirme par la légèreté et la délicatesse. Mon pinceau est habile maintenant. Il a évincé le crayon devenu inutile. C'est lui qui mène le jeu et pose, çà et là, des pétales de gouache blanche, métamorphosés en bouquets champêtres ou romantiques. J'aime arriver à l'essentiel avec très peu de moyens ; quelques couleurs primaires et de l'eau pour suggérer la transparence d'une fleur ou la rondeur d'un fruit, de la colle de peau pour préparer le bois, de la gomme laque pour protéger le décor, de la cire pour l'ultime patine.

Tout en laissant courir mon pinceau, je pense et je rêve à une vraie maison-atelier pour travailler, une maison-jardin pour vivre en liberté. Nous étouffons dans notre appartement aux murs sages, que nos meubles les plus fantaisistes n'arrivent pas à faire sourire.

Dans cette fable familiale jouée au quotidien, il est un peu cigale, je serai donc fourmi... et je peins, je peins pendant qu'il arpente la campagne en quête d'un vieux toit protecteur et que lentement grossit notre magot.

C'est dans les collines douces et rondes d'une campagne laborieuse et secrète qu'il a rencontré notre maison, au détour d'un petit bois. À l'ombre de son marronnier tutélaire, elle sent bon l'étable et le foin. Elle est vieille et rassurante comme une bonne grand-mère.

Nous ignorons encore qu'elle allait devenir notre complice et serait au cœur d'une nouvelle fantaisie à quatre mains, puis à dix mains, dirigée *allegro con brio* par un chef d'orchestre flamboyant d'idées et de vitalité.

Nous voilà donc campagnards et chez nous ! Du moins avons-nous la naïveté de le croire ! Nous étions loin de soupçonner les remous et les rumeurs que notre implantation allait provoquer.

Pour le moment, nous ne nous en soucions pas et buvons avidement notre liberté, occupés à nous repaître du silence et du parfum de la terre. Quel bonheur de vivre avec et dans la nature, de se couler dans le jour, de se fondre dans la nuit et de jouir au grand soleil de notre bohème retrouvée !

Bohème laborieuse, cependant... Frénétiquement, il démolit autour de la ferme les vieilles cabanes infestées de mulots, vide la grange pleine de foin fermenté, brûle les poutres pourries, comble la fosse à purin, découvre le trou béant du puits, éventre dans la cave les vieux tonneaux percés, jette par la fenêtre objets et outils cassés... Il fait table rase autour du marronnier comme s'il voulait en découdre avec un passé qui l'encombre. Partout des tranchées, des trous, des gravats, des tas de pierres, de terre, des plafonds effondrés, des murs éventrés.

La ferme au moment de son acquisition.

L'automne nous surprend au milieu d'une maison dévastée, inhabitable. Nous allons chercher asile dans un hangar épargné qui prolonge la ferme, fermé à la hâte par quelques planches. On dirait la maison des trois petits cochons... L'étable lessivée et blanchie sert d'atelier.

Novembre arrive avec ses premiers frimas, particulièrement précoces et rigoureux cette année-là. La bise pénètre par tous les trous, toutes les fentes, et souffle sur notre cheminée grossièrement achevée, qui s'essouffle malgré les poutres qu'on y engouffre jour et nuit.

Nous avons froid. Chaque matin, l'eau gèle dans les canalisations et chaque matin, transi et vitupérant, le maître d'œuvre passe le chalumeau sur sa tuyauterie mal protégée. La cigale paie cher son imprévoyance !

Heureusement, nos trois filles vont au collège. Elles s'y réchauffent et s'y font de nouvelles amies.

Assise près du feu, je peins encore et encore. Dans l'atelier, les machines ronflent pour préparer encore et encore les meubles que nous devons rapidement livrer pour renflouer nos finances au plus bas et payer taxes, impôts et charges diverses qu'un été radieux au grand air nous a fait oublier...

Le soir venu, dans la pièce commune partagée avec nos trois filles, chacun a son petit bout de table, pour les devoirs, pour la peinture, et pour les plans que l'architecte improvisé dessine inlassablement. Dans notre abri précaire qui craque et gémit sous le vent, il imagine la maison qui le hante, en bois de mélèze, avec des colonnes et des arches, des balustres et des moucharabiehs, des fenêtres découpées et des

Tout en peignant, près du feu... rêve de maison, rêve de jardin.

verrières. Tout l'hiver, dans son atelier glacial, il façonne et stocke les éléments d'un étrange jeu de construction. J'ose émettre quelques réserves :

« Tu crois que c'est la meilleure façon de construire une maison ? Tu penses aux détails de décoration avant de faire l'essentiel ! Et les murs ? »

Il s'anime :

« Laisse-moi faire ! Les murs, les détails, pour moi c'est pareil ! Je ne les dissocie pas... C'est ce qui peut paraître superflu qui est essentiel ! Tu verras, on en reparlera, de la nécessité des choses inutiles ! »

Sa force de conviction me rassure. Peut-être a-t-il raison ; les sages n'ont pas de si beaux rêves que les fous !

Au printemps, en effet, le long travail de l'hiver prend forme. Comme par magie, s'élèvent au milieu d'un magma de boue, de neige fondue et de matériaux épars, les poutres sculptées, les arcades, les fenêtres découpées, les fines colonnettes tournées à l'atelier, en même temps que se met en place l'ossature de la maison, en prolongement du vieux hangar qui nous sert d'abri.

Pas si incohérent qu'il en a l'air, notre maître d'œuvre ! Il faut bien se rendre à l'évidence, elle prend de l'allure, notre maison ! À la fois rustique et raffinée, la cabane des trois petits cochons se transforme en délicat palais posé au cœur des prés.

Avec ferveur, nous allons l'habiller de meubles, de boiseries, de plafonds à caissons, de moucharabiehs, pendant que nos filles occupent leurs vacances à poser, clouer, teinter les lambris de leurs trois chambrettes perchées.

Nos brunettes sont à l'âge de toutes les dérives et l'ancien éducateur a flairé le danger. Le moment est opportun de canaliser leur énergie dans des activités positives et gratifiantes.

C'est dans l'effervescence qu'elles travaillent toutes trois à construire leur refuge d'adolescentes, affirmant leur choix et signant par là même leur identité. Elles deviendront plus tard les actrices habiles et essentielles dans l'aventure des Jardins Secrets.

Si notre maison s'élabore rapidement, dans le jardin tout reste à engendrer. Autour du marronnier, le terrain raboté, aplani, offre une aire vaste et nue où peuvent croître tous nos rêves. Pour le moment, nous y entreposons des cargaisons de vieilles tuiles récupérées sur d'anciennes toitures et des montagnes de poutres de séquoia ou de mélèze, achetées aux scieurs de la région. Un mur s'élève le long de la route pour nous protéger des regards. Il ne nous protège pas cependant des curiosités et cancans que notre activité fébrile provoque.

L'étrange étranger se moque bien du « qu'en dira-t-on », pris dans le tourbillon des idées qui l'accaparent sans relâche : autour d'une pelouse... une pergola, dans la cour... un tapis de calades, sur la façade de la ferme... une frise de bois découpé, sur le mur... un balconnet de bois tourné...

Les trois filles occupées à poncer les premiers éléments du jardin : une pergola en bois de séquoia.

Pendant des années, notre jardin va croître de façon la plus imprévisible, sans plan, au gré des envies et des fantaisies. Le bois se révèle docile, vivant, chaleureux.

Derrière notre mur protecteur, se dessine notre vrai « chez nous », qui n'est plus la terre que nous avons acquise avec un emprunt, mais celle que nous avons ensemencée de nos espoirs, de nos désirs, de nos souvenirs. Cette terre nous ressemble maintenant. Dans son jardin secret se trouvent l'élan, l'audace, la créativité d'un homme libre et ardent ; dans le mien, la patience, la délicatesse et l'amour du travail bien fait, mené à son terme.

Nos filles puisent leur force dans notre terreau, qu'elles viennent à leur tour enrichir en grandissant. Pour le moment, collège, lycée, vacances laborieuses entre calades, sculptures et modelages, cris de joie dans la piscine offerte en récompense, amourettes discrètes rythment leur vie d'adolescentes.

Ce sont mes ondines : l'aînée, tumultueuse, imprévisible, jaillissante comme un torrent ; la cadette, fraîche, ondoyante, riante comme un ruisseau ; la dernière, mystérieuse, profonde et calme comme un lac.

J'aime leurs différences. Complices et solidaires ensemble et avec moi, elles gardent toujours un œil mi-amusé, mi-narquois, sur leur bouillonnant géniteur, qui accueille les moqueries parfois acerbes de ses filles chéries avec de grands éclats de rire !

En effet, leurs contestations ne troublent pas son énergie flamboyante. Empanaché de joie, tel les coqs glorieux qu'il place au sommet de ses clochetons, l'œil aux aguets, le jarret agile, il s'active dès le soleil levé, poussant les brouettes, charriant poutres et moellons, escaladant les échafaudages.

Pour concrétiser ses projets les plus chers et les plus fous, il parvient par son exemple et sa foi à créer une synergie familiale, entraînant dans son sillage heureux ses trois filles, à l'esprit critique pourtant bien acéré...

Aussi donnent-elles leur été à imaginer tapis et damiers de calades, composant sur le ciment fraîchement coulé rosaces et arabesques, en y enfonçant d'un geste précis les petits cailloux blancs et noirs, préalablement triés. Leurs mains expertes savent aussi pétrir la pâte du mortier de chaux et façonner des vasques généreuses, débordantes de fleurs et de fruits.

L'aînée, intrépide, ne craint pas les échafaudages vertigineux et manipule de longs chevrons, ossature des toitures, pendant que la cadette apprend à sculpter et attaque

Patience et doigté léger
pour confectionner
les calades de petits galets.

avec une ardeur délicate le mélèze dur, noueux, cassant, pour y inscrire rosaces et frises inspirées du Queyras.

À l'atelier, les machines rugissantes débitent en tranches d'énormes madriers rapidement transformés en petites tuiles aux contours gracieux, aussitôt teintées par la petite dernière, assistée parfois dans cette tâche fastidieuse par des amis compatissants.

C'est ainsi que sous la tutelle à la fois exigeante et gratifiante du maître d'œuvre, toutes trois structurent leur personnalité et deviennent des jeunes filles fortes et résolues, menant de front travail manuel, loisirs, études.

Les années passent, et toujours ensemble nous travaillons. Nous ne parlons plus de vacances, nous ne partons plus, tout à la jouissance de notre liberté de créer.

À l'atelier, nous gagnons notre vie avec nos meubles peints. Nous exportons aux États-Unis, au Japon… Le travail est harassant et répétitif. En revanche, travailler dans et pour le jardin est notre détente, notre plaisir.

Il commence, je termine. Il conçoit, je décore. J'apprends à jardiner. Moi qui ne connais rien du secret des fleurs et des semis, je découvre, émerveillée, le prodigieux pouvoir de quelques graines confiées à la terre.

Dans mon jardin qui balbutie et se cherche encore au milieu des terrassements, j'apprends à connaître les roses. Je recherche la hardiesse des grimpantes les plus promptes à adoucir la silhouette rigide des pergolas et me lie d'une amitié fidèle avec les cosmos si généreux et si accommodants.

Notre ténacité intrigue, amuse. Nous ouvrons volontiers notre maison aux amis. Nous y organisons des repas, des fêtes, des concerts. Le charme opère :

« Vous devriez montrer votre travail, c'est tellement surprenant ! On se sent bien chez vous ! »

Alors l'idée germe, mûrit, s'impose. Peu à peu, nous nous sentons prêts à tenter cette aventure, mais sans prendre trop de risques. Nous ouvrirons les portes de notre jardin au public tout en maintenant notre activité professionnelle. Nous choisissons de créer une association pour gérer et promouvoir ce nouveau site touristique surgi en plein cœur du monde rural. Nous l'appelons Jardins Secrets.

J'ai soudain l'impression d'être dépossédée de mon âme. Les discussions se font âpres autour de la table familiale. La rigueur doit remplacer la fantaisie. Les filles expliquent et tentent de me rassurer :

« Une association, c'est tout simple ! Il suffit de constituer un bureau avec un président, un trésorier, un secrétaire. Il faut rédiger des statuts qui définissent les choix, les projets... »

Ainsi donc, c'en est fini de notre papillonnage ! Les filles insistent :

« Si vous décidez d'ouvrir notre jardin, il faut le faire savoir ! Il faut mener une vraie politique de communication, avec des dépliants, des affiches, envoyer des mailings aux autocaristes, aux clubs, aux associations, informer les médias avec des dossiers de presse... Il faut aussi une inauguration officielle où seront conviés les élus, les journalistes et puis... il faut un ordinateur, un fax, et un bureau, bien sûr ! »

Je suis anéantie !

« Ne t'inquiète pas, Maman, je m'en charge », décide la plus jeune, en dernière année de communication.

Et les visites ? Je veux bien ouvrir notre jardin, mais je ne veux pas être spoliée ni violée dans notre intimité familiale.

La cadette achève ses études de langues étrangères appliquées et se sent prête à organiser l'accueil et à gérer le site.

L'aînée, diplômée des beaux-arts, propose ses idées pour réaliser photos, plans et croquis des jardins, son mari offre ses services pour être notre président.

Décidément, mes ondines sont des fées ! Elles se révèlent solides et efficaces.

Il faut faire vite maintenant, le temps s'accélère ; vite, terminer la restauration de la ferme et organiser un bureau à l'étage, vite, avec quelques gros bras de bonne volonté, achever ce qui est visitable, vite créer une billetterie, une aire d'accueil et d'attente, des toilettes, des parkings, nettoyer, rafraîchir les boiseries et les toitures, planter, semer, s'activer sans relâche avec la crainte de voir à chaque instant le magicien sortir de sa manche une nouvelle idée à réaliser d'urgence.

Je m'insurge :

« Mais tu es fou ! Tu ne vas pas faire ça maintenant, à un mois de l'ouverture !

– C'est bon, j'ai le temps, tu paniques toujours pour rien ! Fais-moi confiance ! »

Il sifflote, heureux, avec la certitude de pouvoir tout maîtriser. En revanche, il s'enfuit dès que nous évoquons l'accueil lors de l'inauguration :

« C'est votre affaire, les filles ! Et Maman saura parler mieux que moi ! »

Curieusement, lui si disert, si démonstratif, se fige lorsqu'il doit prendre la parole en public. Il ne sait pas ou ne veut pas parler de lui, de ce qu'il fait, de ce qu'il aime.

Enfin, le jour inaugural arrive et je suis exténuée par ces derniers mois de surmenage. Vacillante, je gravis les marches du perron. Sous le marronnier, s'étend une foule de visages familiers, amis, ou inconnus. Tous attendent l'inévitable discours. Je choisis le ton de la confidence, et pour annihiler le trac qui me paralyse, je me jette à l'eau !

Avec les mots de mon cœur, moi, la toute timide, je raconte avec véhémence et sincérité. Doucement, je sens l'intérêt, puis la sympathie et l'émotion dans les regards levés vers moi. Les applaudissements crépitent enfin comme un grand feu de joie.

Ouf ! C'est fini ! Je me sens pousser des ailes. Je pense à cette petite phrase « *Ommà vincit amor* » inscrite tant et tant de fois sur mes armoires de mariage enguirlandées de fleurs et je me sens heureuse de la faire revivre dans ce doux soir d'été.

Dans la foule qui me congratule, je cherche vainement le visage de mes parents, déjà éteints. Eux si inquiets de me laisser prendre mon envol avec un oiseau rare... J'aurais tant aimé, ce soir, leur offrir ma victoire !

Heureusement, nos filles sont là, jolies sous leur chapeau de paille, souriantes et affairées. Je sais qu'à travers notre énergie et notre persévérance, elles ont confusément perçu notre message : « *Ommà vincit amor* », l'amour triomphe de tout.

Et mon oiseau migrateur est là, humble sous sa toque blanche de pâtissier, tout occupé à faire gonfler et dorer les beignets d'antan ressuscités qu'il distribue aux amis et aux curieux, encore incrédules.

« Ainsi donc le jardin, c'est vous ?

– Oui, c'est moi.

– Bravo ! Et les beignets, c'est encore vous ! Mais vous savez tout faire ! »

Nous nous sourions en toute complicité. Que de chemin parcouru depuis !

Mais déjà, s'ouvre devant nous celui qui mène aux Jardins Secrets. Il serpente à travers les fleurs, et nous allons dorénavant nous y engager, suivis allègrement par des milliers de visiteurs.

Beignet, bougnette, chichi... le goûter exotique des gourmands. Le secret est dans le tour de main.

Au cœur des Jardins Secrets : les Loges de la folie, ou l'éloge de la folie. Fantaisie créatrice et imagination débridée président en ce lieu.

Deuxième partie

Les bâtisseurs de paradis

Furtivement, j'ai sonné la cloche... D'ordinaire, elle évoque l'heure du repas ou de la récréation. Ici, elle signale le départ de chaque visite : surprise amusée des visiteurs en attente. C'est à ce petit groupe que je vais entrouvrir mon jardin secret et répondre aux habituelles questions : Depuis quand ? Par qui ? Comment ? Pourquoi ce jardin ?

Alors je raconte, je montre et j'explique, jusqu'à gagner la confiance des plus sceptiques, dérider les plus renfrognés, faire rêver ceux qui déjà évoquent en souriant le paradis.

Je cache un peu mes mains. Elles ne savent pas parler en public et ne provoquent que des regards consternés : pauvresses meurtries, rougies, enflées, elles ne s'animent que dans l'intimité de leur jardin, voltigeant de la terre à l'eau, de la peinture aux fleurs.

Mais voyez ce qu'elles savent faire ! Lentement, j'égrène les jardins et les espaces clos comme les perles d'un chapelet. J'en révèle l'originalité et l'histoire parfois tumultueuse, pareille à la lente gestation d'une vie qui se cherche en tâtonnant et mûrit dans le secret de ses essais, de ses erreurs, de ses découvertes : joie, colère, choix, engagement. J'ai parfois déposé aux pieds de mon compagnon ma besace lourde de reproches et de doutes, me moquant de ses extravagances, me méfiant de ses certitudes. Mais je n'en dirai rien aux visiteurs que je sens déjà sous le charme. Les femmes s'abandonnent aux sortilèges de l'enfance dans les chambres fraîches décorées de meubles fleuris. Les hommes, à l'affût d'explications plus techniques, s'ébahissent devant la profusion des idées :

« S'il vous plaît, la composition du mortier de chaux ? Et les proportions ? »

Je consens à en divulguer la composition, mais les proportions resteront secrètes !

Je le revois, barbouillé d'oxyde poudreux, brasser sa nouvelle mixture avec l'énergie d'un sorcier halluciné.

Je l'interpelle :

« Panoramix, c'est quoi cette potion magique ?

– Chut, j'ai une idée, mais ne le dis à personne. Je vais faire des dalles, et si ça marche, on va faire un malheur ! »

Ah ! Cette petite phrase ne m'est pas inconnue...

Ci-contre : sur un tapis de calades, la fontaine en mortier de chaux.

Ci-dessus : détail d'un bouquet modelé par l'une des filles.

En page de droite : variation sur le thème du mortier de chaux : relief et inclusion.

J'attends donc patiemment le remue-ménage annoncé pendant que s'entassent les moules dans mon atelier. Graissés, ils sont remplis de mortier de chaux coloré et sèchent près du fourneau. Je supporte sans broncher l'odeur écœurante de l'huile et du ciment chaud. Durcies et démoulées, les dalles sont mises à l'épreuve de la pluie et du gel.

C'est l'hiver... La saison pendant laquelle le jardin se construit en secret et en pièces détachées. Le printemps arrive, les dalles ont résisté. Il a découvert un filon avec cette matière malléable qui sèche sans cuisson et qu'il peut à loisir sculpter, mouler, graver. Nos filles vont la modeler, en faire des corbeilles de fruits, des bouquets, et je vais la peindre jusqu'à lui donner des airs de terre cuite et de vieille faïence.

Cette année-là, le jardin se métamorphose. Il y aura un jardin andalou au milieu de la pelouse. Tant pis pour les cabrioles et les jeux de ballons...

Très vite la terre se creuse, s'ouvre en un large sillon, aussitôt aménagé en bassins, reliés par des canaux, tapissés de dalles, décorés de vasques, équipés de pompes. Je lui fais part de mes inquiétudes : les bassins seront-ils étanches ? Saura-t-il brancher correctement les pompes en série ?

Il balaie mes doutes d'une chiquenaude.

Arrive le jour de la mise en eau et de la mise en marche. Je l'entends de loin claironner : « Vite, viens vite ! »

J'accours pour voir soudain l'eau libérée jaillir et retomber dans chaque vasque en perles de lumière. Joie ! Oublieuse déjà de mes craintes, je serre dans mes bras mon fou chéri qui me regarde avec des yeux de tendre reproche :

« Tu vois, tu avais peur ! Je savais bien que ça marcherait ! »

Et le voilà gesticulant et gambadant comme un gamin d'un bout à l'autre de son jardin d'Espagne.

Tous nos jardins se sont ainsi façonnés dans un désordre jubilatoire évoquant l'activité ludique des enfants plus que le pensum d'un maître d'œuvre patenté.

Sa manière de construire est chaotique, brouillonne, sans finalité apparente. Il joue à éparpiller ses chantiers comme les pièces d'un puzzle géant, les abandonnant de façon imprévisible pour faire des pâtés en mortier de chaux ou des dessins qu'il colorie avec une application d'écolier. Le fil d'Ariane paraît bien embrouillé et son ouvrage bien décousu mais il n'en est rien. De cette apparente incohérence surgit bientôt un jardin maîtrisé et rayonnant tel celui que je chéris entre tous, les Loges de la folie, parce qu'il illustre bien ce qu'il a fallu de violents bouleversements sur le terrain, de douloureuses remises en ordre dans sa tête et de chrysalides abandonnées pour aboutir à cet espace vivant, harmonieux et serein.

« Au fou ! Je suis chez les fous ! Enfermez-moi ici, s'il vous plaît. », avait écrit sur notre livre d'or un visiteur qui avait intuitivement perçu toute la richesse de cette démarche singulière. Au départ pourtant, l'âpreté d'une terre bousculée, éventrée, où quelques herbes hirsutes poussent au milieu des orties.

De cette parcelle de terre sauvage, presque inhospitalière, nous faisons une aire de détente ensemencée d'un gazon rustique, ceinturée d'une barrière de bois. Un bouleau fluet et quelques touffes d'iris lui donnent un petit air de jardin. Les choses en restent là, et chaque printemps ramène dans notre pelouse-prairie les boutons d'or, les pissenlits, et nos trois filles assoiffées de soleil.

À l'aube, le chant du coq.

Ci-dessous et en page de droite :
à la nuit tombée, le mystère du jardin sous la lune.

Un matin pourtant, il me révèle ses intentions en dessinant sur une planche une grande croix. Il se tait, me regardant un rien provocateur, guettant ma réaction :

« Et alors ? Tu veux faire une église ? Un cimetière ?

– Devine, si tu trouves, c'est que tu es...

Je l'interromps :

– Oui, je sais, si je trouve, c'est que je suis géniale ! Comme toi ! »

Je suis agacée, mais cette boutade familière le fait toujours rire et je ris aussi.

« Bon !, reprend-il avec aplomb, tu ne trouveras pas, je continue. »

Au centre de la croix, il trace un rond.

« C'est une fontaine ! » dit-il. Puis il enferme le tout dans un rectangle. « Ça, c'est une galerie en mélèze, comme un cloître, et là, pour fermer, je fais deux tours. » Il me toise d'un air ravi. J'explose !

« Non mais tu débloques ! Des tours dans notre jardin ! Tu veux jouer les châtelains ! Tu deviens mégalo ? »

Je me calme un peu, et pour tenter de l'attendrir :

« Elle est jolie, la pelouse, et puis les filles ne pourront plus y jouer, prendre des bains de soleil, et mes iris, et la barrière et le portillon... Tu vas tout arracher, tout casser ! »

J'argumente tant bien que mal, m'empêtrant de plus en plus dans mon sentimentalisme.

Les éléments fondateurs des jardins :
le bois, le mortier de chaux,
les petits galets, les fleurs et l'eau.

Peine perdue ! L'idée est là qui va désormais s'intensifier, se développer, s'imposer, se concrétiser tôt ou tard. Je le sais comme il sait qu'il me faudra du temps pour adhérer mais que mon adhésion sera totale et définitive lorsqu'elle se produira.

Pour l'heure, il attend patient et confiant mon entrée en scène et entreprend de séduire la petite cadette, qu'il vient d'initier à la sculpture :

« Tu vois, j'ai l'intention de faire deux tours pour remplacer la barrière. J'aimerais que la base soit en mélèze sculpté. J'ai pensé à toi. Regarde dans ces livres, il y a des motifs que tu pourrais reproduire. »

Flattée, la frimousse de quinze ans scrute avec attention les meubles régionaux, de la Savoie, du Queyras, fait son choix, dessine les motifs sélectionnés. Puis d'un ton décidé :

« C'est d'accord, prépare le bois ! »

Plus tard, lorsque les éléments sculptés et les balustres de l'étage auront pris place dans le jardin, il dira :

« Mes nanas ! J'ai besoin de vous pour monter les pignons des deux clochetons, je ne demande pas à Maman, elle a le vertige. »

L'accord est tacite, j'ai à peine le temps de vérifier la solidité de l'échafaudage qu'il me faut déjà surveiller avec angoisse le déroulement des opérations sous le rire moqueur des deux grandes qui, tout là-haut, évoluent avec aisance. Lui, cambré dans le vide, s'acharne à grands coups de masse pour assembler les quatre chevrons de la toiture fermement maintenus par ses filles complices.

Apprivoisée, magnifiée, l'eau est le fil conducteur des Jardins Secrets.

« Ne t'inquiète pas ! lance-t-il, hilare, j'ai des assistantes chevronnées ! » Et de s'esclaffer de son bon mot. Pour plus de commodité, il décide de garder son stock de clous dans la bouche.

Je préfère m'en aller !

Peu après, les clochetons sont habillés de vieilles tuiles écaille. Pour exprimer sa suprématie de mâle, il coiffe ses toitures de girouettes constituées de quatre poules surmontées d'un coq, et sourit de contentement sous quatre paires d'yeux féminins réprobateurs. Il rira moins lorsque la tempête aura terrassé ses coqs glorieux, ne laissant que les poules au faîtage.

Par prudence et par modestie, il n'a pas jusqu'à ce jour jugé bon de replacer ces symboles de virilité triomphante. Les deux tours sont cependant devenues l'emblème des Jardins Secrets et veillent sur eux avec une bonhomie altière.

Évidemment, je ne rentre pas dans le détail de ces péripéties avec les visiteurs. Je me contente de leur faire remarquer le travail du bois, la fontaine ruisselante au centre d'allées croisillonnées, délimitant quatre bassins sages où se noient les nuages et où se reflète un monde frémissant de tourelles et de fleurs.

Les visages s'éclairent de sourires attendris.

Femmes et hommes sont entrés doucement dans notre monde onirique et se prêtent de bon cœur à cette étrange chasse aux trésors, faite d'idées à dérober, d'émotions

à ressusciter. Le jardin leur parle maintenant une langue familière oubliée, que chacun connaît sans l'avoir apprise et qui s'adresse au cœur. Elle fait ressurgir les mythes de l'inconscient collectif, celui d'un paradis oublié et la nostalgie de nos pays d'enfance. Les rêves avortés reprennent vie et le visiteur s'abandonne confusément à son émoi. Et lui, qu'a-t-il fait de son jardin secret ? L'a-t-il laissé étouffer par sa vie d'adulte, assassine de rêves, ou va-t-il puiser ici courage et audace pour le déchiffrer, pour le défricher ?

La pause offerte dans le salon oriental permet parfois de formuler ce trouble ou de le refouler pudiquement par des questions terre à terre : « Combien d'heures, de mètres carrés, de mètres cubes, d'argent ? » Comment répondre à ces interrogations abruptes alors que notre jardin est brodé de rêverie et d'amour ?

Toute notre richesse est là, vivante et mouvante. Elle ne gît ni dans les coffres-forts ni dans les banques. L'argent, gagné avec acharnement par la vente de nos meubles peints, s'est, avec le temps, transformé en jardin.

Nous avons fait des choix, éliminant d'emblée ce qui nous paraissait superflu, essayant de ne pas nous laisser leurrer par le clinquant ou le futile. Il y a longtemps que le miroir de la télévision ne déverse plus chez nous son flot d'images d'un monde décadent et vulgaire. Ainsi le temps repris à cette dévoreuse d'heures précieuses a-t-il été consacré à la lecture, à la musique, ou au sommeil régénérateur tout simplement.

Chaque matin, nous sautons du lit et courrons vers nos ateliers. Le sien est un ventre sombre et frais, au parfum de cèdre et de mélèze, à l'indescriptible désordre. Comment s'y reconnaître au milieu de cet enchevêtrement de planches recouvertes par les frisettes blondes des copeaux ?

Les métamorphoses du mélèze.

Ci-dessus : le bois tourné en moucharabiehs dans la galerie des lyres.

En haut à droite : les boiseries sculptées inspirées du Queyras.

Ci-contre : les bouquets découpés dans la galerie des palmettes.

Page de gauche, en haut : mosaïque d'éléments en mortier de chaux évoquant les zelliges des palais orientaux.

Page de gauche, en bas : le mortier de chaux se plie à toutes les fantaisies architecturales ou ornementales.

Le mien est clair et laisse pénétrer la lumière du jardin. Dans de grands vaisseliers, s'entassent pêle-mêle flacons, bidons, pots et vieilles casseroles où reposent mes trésors : paillettes d'or de gomme laque, perlettes de colle de peau, brou de noix, pigments, pains de cire... Quel délice de jouer aux alchimistes dans cet espace sans contrainte où le temps s'oublie...

De toutes ces planches, de ces essences, alcools, résines, naîtront nos jardins, de ce bric-à-brac germeront nos idées. Fantasques et rebelles, elles ne s'accommodent pas d'un terrain trop bien ratissé rendu stérile par excès de soins. Elles ont besoin, pour s'épanouir, d'une nature sauvage et drue qui permette de transgresser les usages, de bousculer les principes.

« Où donc prenez-vous toutes ces idées ? », nous demande-t-on souvent. Il faut alors abattre le mythe de l'artiste inspiré et du don inné. Les idées n'arrivent pas par hasard et ne sont pas données en héritage. Elles sont le fruit d'une quête perpétuelle, d'un labeur incessant où tous les sens sont en éveil. Derrière l'activité créatrice qui semble jaillir spontanément, se cache en réalité un long travail de recherche, d'imprégnation et d'élaboration. Le talent est de n'en rien laisser paraître et d'accomplir cette tâche avec légèreté et bonheur pendant que nos yeux et nos mains brûlent comme brûle notre vie dans ces instants lumineux et exaltants. Les matériaux sont détournés pour apparaître sous une forme insolite et nouvelle. Ainsi le ciment, le bois, le verre, les galets deviennent-ils dentelles, fresques, broderies, tapis. J'aime cette transmutation de la matière brute et primitive en objets singuliers et raffinés, et souvent une modeste trouvaille nous ouvre des horizons insoupçonnés.

En autodidacte curieux, il a construit ses jardins, apprenant sur le terrain mais aussi au cours de visites ou voyages qu'il effectue le nez en l'air, son précieux carnet de croquis à la main. Inlassablement, il éduque son œil et nourrit son imagination à travers les livres d'art et les musées, pour s'approprier ce que chaque culture recèle d'originalité et de beauté. Instinctivement, il se tient à l'écart des tendances, mouvances, et de tous les mots à la mode dont il se moque. Ses maîtres sont les obscurs compagnons de jadis, les humbles bâtisseurs de villages et de chapelles. À travers eux, il réinvente les gestes oubliés d'un savoir-faire qui venait du cœur et tente de décrypter leurs hardiesses architecturales pour les assimiler et les utiliser. De ce travail assidu est né son jardin, à la fois singulier et universel, fruit d'un métissage d'idées empruntées aux hommes du monde entier. On y perd et on y retrouve ses repères au fil de l'architecture inventive des patios, ryads, fontaines, galeries, cloîtres ou mosquées qu'il fait, malicieusement, se côtoyer.

Ainsi a vu le jour notre microcosme secret dans un monde bruyant, bétonné et pollué. Il est le bienfaisant refuge lorsque, saturés d'une société qui calcule, bouscule et planifie avec comme seul mot d'ordre « être compétitif », nous retournons à la terre, la chaude *Pacha Mama* des Indiens décimés. Apaisés, nous nous soumettons alors à ses lois qui, en imposant le pourrissement, créent aussi le renouveau. J'aime entrer en connivence avec cette

Délirant, le Jardin des lyres, à l'architecture audacieuse de bois découpé.

terre, la sentir tiède dans mes mains, la travailler à ma guise pour engendrer la profusion et la beauté. Je ressens pourtant confusément dans ce rituel paisible toute la duplicité des sentiments humains : jardiner, c'est arracher, contraindre, rejeter, séparer, trancher. C'est aussi féconder, soigner, nourrir, élever. Il y a dans le jardinage la délicatesse et la violence, l'amour et la haine en latence et je m'en remets à cette douce thérapie.

Dans ce théâtre mouvant où se jouent en raccourci les mystères de la vie et de la mort, j'apprends l'humilité et l'acceptation. Dans la paix retrouvée, je revois mon jardin de petite fille sauvage, empanaché d'un palmier aux dattes âcres et noiraudes, d'un figuier à l'haleine chaude, d'un amandier aux coques duveteuses... Ce sont les fruits de mon enfance et je plonge dans mon rêve éveillé avec une poignante nostalgie.

Architecture en mortier de chaux : fenêtres géminées du Jardin de curé et dentelle de fleurs mêlées aux roses.

Heureusement, nos Jardins Secrets sont bien là, réels et vivants, emplis d'ombre et de grand soleil, tracés d'allées rassurantes, ponctués de coins mystérieux, habités de toutes les oppositions qui font la richesse et la diversité de la vie.

Je me plais à y retrouver les jeux de l'ouvert et du clos, du visible et du caché, du sauvage et du discipliné, de la rigueur et de la fantaisie, découvrant mille nouvelles surprises. Je peux, selon l'humeur, le percevoir dans sa globalité où le savourer en me perdant dans la profusion de ses détails. Je me laisse également séduire par le rythme fascinant des saisons qui m'offrent, avec générosité, un jardin toujours renouvelé. Je l'aime lorsque la pluie fait chanter les couleurs des bassins et des dalles, exaltant leurs camaïeux ocre et jaune sous le ciel gris. Je l'aime blanc lorsque la neige et le givre le redessinent dans sa nudité, chapeautant les vasques et les buis ronds. Je l'aime tendre et bourgeonnant, ronronnant d'abeilles ivres. Je l'aime surtout dans la nuit d'été, si délicieuse et parfumée que des sanglots mêlés d'extase montent au bord de mon cœur.

C'est mon jardin secret différent du sien. Il est fragile, fait de légèreté et de milliers de fleurs que j'ai peintes ou semées avec amour pour magnifier son jardin d'homme, solide et résolu. Salons, chambres, alcôves secrètes sont devenus miens, intimement effleurés par mes pinceaux de couleur. Allées, pergolas, clochetons, tourelles se sont adoucis par la grâce des fleurs. Parfois audacieuses et provocantes en calices profonds et corolles voluptueuses, parfois discrètes et timides, elles sont mes compagnes fidèles et bienfaisantes. Je ne vais pas dénicher dans les livres de botanique les fleurs les plus rares ou les plus sophistiquées, capricieuses, à bichonner sans trêve, et préfère offrir asile à celles qui se sentent bien chez nous. Je les choisis blanches et jaunes pour éclairer et rafraîchir la chaleur rougeoyante du bois. Je réserve les camaïeux de bleu, de rose et de violine aux pots et jardinières qui revivent au soleil d'été ou au jardin de curé dans lequel folâtrent mes sauvageonnes à demi apprivoisées. Je laisse glycine et clématite célébrer au soleil leurs noces fleuries tandis que la bignone incandescente aux joyeuses trompettes (doigts de fée ou doigts de sorcière) éclate sur les toitures ocre et le mélèze roux.

À travers treillages, claustras, moucharabiehs parés de feuillage et de fleurs, la vie foisonnante s'échappe en perspectives surprenantes ; perspectives d'avenir aussi puisque ce jardin évolutif épouse au fil du temps le contour de tous nos désirs.

Jardin unique par sa conception et sa réalisation, qu'un seul homme est capable de faire naître et d'achever. Qui, en effet, après lui, pourrait entrer dans la peau de son personnage baroque et torturé pour terminer son œuvre si elle restait inachevée ? Les jardins en devenir qui lentement émergent du néant et se façonnent dans ses chantiers stupéfiants trouveront-ils un jour leur aboutissement et ressembleront-ils aux projets radieux qu'il porte dans sa tête et qu'il me laisse entrevoir avec une véhémente émotion ?

Depuis des années, nous existons avec et par notre jardin. Des liens si forts nous attachent à lui que notre vie entière en a été transformée et que notre histoire intime est devenue indissociable de son histoire. Nous avons cru le construire mais c'est lui qui nous façonne. Il est à la fois le tremplin pour aller à la découverte des différentes cultures et le catalyseur qui permet, jour après jour, de nous révéler.

Ce jardin engendré comme un enfant, dans la douleur et le ravissement, nous apporte victoire et plénitude. Victoire sur la laideur, la passivité, la vulgarité. Plénitude conquise sur les chemins escarpés où mon petit homme fou a choisi de me conduire toujours plus haut, toujours plus loin. De ces cols lentement gravis, de ces sommets conquis, de ce sinueux parcours ponctué de défis, de défaites et de triomphes, restent nos Jardins Secrets, tout retentissants de nos cris de rage et nos éclats de rire.

Par quel sortilège, nous les incompatibles, sommes-nous devenus inséparables ? À quel philtre avons nous étanché notre soif pour nous retrouver lui, le téméraire qui goulûment boit la vie, moi, la craintive qui la déguste à petites gorgées ? Que sont nos Jardins Secrets sinon une mystérieuse alchimie où se mêlent nos fatras d'enfance et nos natures opposées ? Deux natures rassemblées cependant par un désir commun de sublimer le petit espace-temps entre deux néants qu'est notre vie. Alors pourquoi ne pas faire de cette fleur fragile et éphémère un jardin qui nous ressemble et nous rassemble ?

En page de gauche :
le petit cloître
du jardin de curé.

Ci-contre :
détail de claveau et broderie
en mortier de chaux.

Mais un tel défi, avec tout ce qu'il comporte de projets, de décisions à prendre, d'investissement personnel et matériel, a mis au grand jour nos différences. Lui, bardé de certitudes, avance hardiment, alors que je marche prudemment, empêtrée dans mes doutes. Il nous est parfois difficile de bâtir notre grand nid comme deux oiseaux toujours enamourés, et souvent les plumes volent !

« Vous ne vous disputez jamais ? », demande le visiteur avec un sourire malicieux. « Oh, si, rassurez-vous ! Les occasions de s'affronter sont nombreuses... »

Il m'énerve avec sa tête de souk ambulant, son désordre envahissant, ses audaces d'équilibriste.

Je l'excède avec mes vieilles peurs d'enfant, ma prudence et mon esprit conservateur.

Nous pratiquons alors l'ironie persiflante, subtil compromis entre le non-dit et l'agressivité exprimée. La raillerie libère parfois quelques tensions mais bien souvent ne suffit pas à ramener la quiétude. Les griefs vont alors s'amonceler en lourds nuages qui ne manquent pas de crever à la moindre vétille. L'orage gronde sourdement, explose soudain. Je tiens tête. Le voilà qui se prend pour un phagocyte prêt à éliminer un micro-organisme pathogène et je ne veux pas être dévorée ! Il n'aime pas le tumulte dans mes eaux calmes, qui de nous deux fera les plus grosses vagues ? Fracas ! Tempête de vérités douloureuses toutes crues jetées dans le cœur, pointes acérées qui le déchirent et creusent l'abîme où s'engouffrent toutes les incertitudes. Mais soudain notre ciel lavé redevient serein et nous nous retrouvons sans tricherie, vivant quotidiennement de révolte en connivence, de souffrance en jubilation, l'éternelle ambivalence de la source claire et sombre de l'amour.

Sans mon compagnon, je n'aurais peut-être rien connu du bonheur de créer, de me reconnaître et de m'accepter. Grâce à lui, j'ai creusé au plus profond de mon jardin secret pour en faire jaillir une source oubliée.

Sans moi, il n'aurait sans doute pas su endiguer le déferlement de ses émotions et serait resté l'éternel *Wanderer*, le voyageur insoumis et infécond.

Perspective de fontaine, toiture et clocheton en mortier de chaux.

Nous avons été l'un pour l'autre soit la voile soit le vent, naviguant de concert vers notre ultime port, nous disputant la barre parfois sur une mer semée d'écueils, sous un ciel noir de menaces diffuses ou illuminé par de fulgurants éclairs de joie…

Pour reprendre haleine et préserver la trame ténue qui nous lie et que des années de vie partagée et de travail acharné pourraient endommager, il nous faut des îles sur notre route. Le vrai apaisement, nous le savourons ensemble dans la solitude des montagnes. Nous y trouvons d'emblée notre cœur nu, sans fard. Lui le rebelle, s'éloigne vite des sentiers bien tracés pour me conduire dans l'âpreté des pierriers ou m'offrir la fraîcheur des prairies aux fleurs lilliputiennes.

Lentement, nous cheminons, perdu chacun dans notre rêverie vagabonde. L'ascension du corps vers les sommets permet l'envol de l'esprit. Chaque pas est une conquête jusqu'au terme où la fatigue cède alors la place à une joie spirituelle et viscérale, semblable à celle que procure la mise au monde d'un enfant ; enfant jardin ! Tiens, le revoilà ! Et nous nous retrouvons encore à parler de lui :

« Tu sais ce qu'on devrait faire au jardin… »

Nous nous penchons vers les fleurs graciles pour nous moquer de leurs cousines obèses et fardées qui peuplent les jardins citadins trop engraissés.

De la prairie alpine, je ramène le myosotis et la violette, l'or des renoncules et la pâquerette. La nature est mon inspiratrice la plus raffinée. D'elle, j'utilise les tons pastel, le blanc et l'infini des verts. La montagne est aussi notre maîtresse d'école buissonnière. Son reflet tremblant dans les lacs gris nous révèle les secrets des impressionnistes. Sa majesté receleuse de vie minimaliste m'évoque un cours poème japonais, un « haïku » que je retrouve là, vivant sous mes yeux : « La montagne lointaine dans les prunelles d'une libellule ». Un papillon a déployé sa robe de soie grège sur une scabieuse bleue. Quel peintre inspiré a ébauché sur le bord des ailes un léger damier avant de se raviser et de poser sur le froufrou blanc des ronds roux ourlés de noir ?

Je conserve dans ma mémoire mes émouvants trésors. Au regard heureux de mon compagnon, je devine que les pics altiers, les glaciers, les torrents, lui ont fait don d'une nouvelle vigueur qu'il utilisera dans nos Jardins Secrets.

Ces pauses magiques dans notre tourbillon quotidien sont précieuses et rares et nous avons chacun notre petite source où nous abreuver : la mienne se cache dans la poésie des choses et des mots, la sienne coule dans la musique. Lorsqu'il se tient raide sur son séant et prend sa tête de sphinx hiératique : Attention ! Ne pas déranger ! Il est avec Beethoven.

Lorsqu'il s'abandonne comme un enfant dans la tiédeur des coussins, il rêve avec Schubert, nostalgique vagabond comme lui en quête d'un paradis perdu.

Ses deux grands frères spirituels l'inspirent pour bâtir ses jardins et rassemblent ce vers quoi il tend : la maîtrise et la sublimation de ses instincts et la résurgence de ses premières émotions, source de toute création.

Le porche d'entrée : bois découpé et tuiles colorées.

Un jour de confidence, il m'a parlé de son hymen natal, de ses premières femmes aimantes et aimées, sa mère et sa nourrice aux seins généreux. Il m'a évoqué les délices de ses premiers émois sensuels au milieu des corps ruisselants dans la pénombre du hammam où, petit garçon, il accompagnait sa mère, en même temps qu'il percevait dans une douce torpeur le lacis chatoyant des tapis, le flamboiement des verrières et les confidences assourdies des femmes aux chairs nues allongées sur le sol.

Les années passent, les jardins se bâtissent sans que je me préoccupe de ses brûlants fantasmes. Mais un jour, dans un éclair de lucidité, je comprends soudain ! S'impose alors à moi l'image d'une énorme courtisane, objet de toutes ses préoccupations, qu'il pare et farde sans compter sa peine, son argent ni son temps. Sa fidélité n'est qu'apparente ! Dans son délire, croît une femme-jardin. Les coupoles, les dômes, les bassins, les fontaines ne sont que des croupes, des ventres et des seins. Les treillages, les moucharabiehs, autant de dentelles et de parures pour voiler à demi le corps de sa bien-aimée. Les tours et les clochetons, autant de phallus érigés pour honorer sa voluptueuse maîtresse. Ce jardin né dans l'amour n'est pas notre enfant ! Je suis bernée ! Je vis avec Priape !

« Votre jardin, monsieur, est éminemment érotique », lui a déclaré, un jour, une visiteuse. Ainsi donc il me trompe, mais avec une ruse si élégante que j'en suis désarmée. À travers son jardin, c'est toutes les femmes qu'il aime, lui, mon compagnon de toujours à la libido ardente. Ainsi donc, chastement il jouit dans son jardin, me gardant intacte son amoureuse fidélité.

Ses extravagances en sont le prix à payer. Mi-narquoise, je rentre dans son jeu, cherchant pourtant à me rassurer.

« Je suis la favorite de ton harem secret, n'est ce pas ? »

Il s'esclaffe :

« Tu es plus que la favorite. Tu es l'Inspiratrice ! »

Quel malin menteur ! Je feins d'être dupe pour devenir à nouveau l'abeille butineuse, tout affairée à nourrir et embellir cette reine despotique qui croît entre nous, et je me surprends à lui dire :

« Tu sais ce qu'on devrait faire au jardin... »

Dans la vieille ferme, la chambre provençale : toute la fraîcheur des meubles peints.

Dans le salon indien : boiseries décorées de fleurs, de fruits et d'oiseaux.

Pourtant le danger est là qui nous guette. Ce que je prenais naïvement pour une petite balade au pays de la création est devenue une course effrénée, haletante, un parcours parfois dangereux aux obstacles difficiles à franchir, du moins pour moi.

Dans la frénésie du but à atteindre, il me devance, me distance, et je m'essouffle. Je ne comprends pas son acharnement. Maladroitement, j'argumente avec des mots bien sages qui le mettent en fureur. Plus je raisonne, plus il délire, défendant toutes griffes dehors sa liberté de créer.

Une réflexion de Nietzsche m'a enfin aidé à comprendre : *« Il faut porter en soi le chaos pour accoucher d'une étoile qui danse. »* L'étoile qui danse, c'est son jardin, devenu sa nécessité intérieure, impérieuse et passionnelle parce qu'en lui se cache un volcan incandescent, impétueux, écumant de lave et de scories. Il a besoin de l'explosion libératrice, du flot torrentiel des pulsions, de la digue rompue. Il faut à sa météo intime le glacial et le brûlant, l'extrême et la démesure. Toujours enflammé, il ne craint pas de descendre en apnée dans ses profondeurs pour remonter de sa plongée dans les eaux troubles et fascinantes, la tête en effervescence, le cœur en émoi. Cédera-t-il à l'appel des sirènes pour se perdre à tout jamais ? La tentation est grande mais il garde assez de lucidité pour se contenter de faire, sans relâche, des allers et retours du réel à l'imaginaire, flirtant avec la folie en toute liberté,

brouillant les pistes pour rejoindre bientôt son chemin et se retrouver riche d'expériences.

À l'âge où les hommes entrent en somnolence, lui est toujours aiguillonné par un désir insatiable de se mouvoir, de s'émouvoir, de surprendre et de créer un univers ludique et sensuel toujours inachevé. L'amour reçu à sa naissance lui a donné l'armure et une inexpugnable confiance en lui.

« Ne t'inquiète pas, tout va s'arranger ! », me dit-il souvent.

Non qu'il espère passivement l'intervention d'une main divine ou hasardeuse mais parce qu'il a décidé de tout mettre en œuvre pour maîtriser ou résoudre une situation délicate et parfois même en tirer partie. Pour lui, les erreurs et les ratages ne sont jamais infructueux et, loin de le blesser, les obstacles le fortifient. Je puise alors dans sa foi le courage d'avancer et de le rejoindre pour ensemble affronter les coups.

Parfois, une méchanceté froidement formulée obscurcit le chaleureux concert de louanges de notre livre d'or : pavé de plomb qui pèse dans notre cœur soudain devenu lourd. Heureusement, nous avons dans notre gisement commun de dictons et de proverbes une petite phrase malicieuse qui fera notre affaire pour nous consoler : « Montre la lune à l'imbécile, il regardera le bout de ton doigt ! »

D'une pirouette, mon inébranlable complice regagne son atelier, des étoiles dans les yeux :

« Attends, tu vas voir, je n'ai pas dis mon dernier mot ! », tandis que je cours au jardin avec une nouvelle ardeur pour faire naître les fleurs...

Imperceptiblement, les années ont coulé. Nos trois ondines se sont tour à tour enfuies, ravies par de tendres amours. Elles reviennent joyeusement avec sac à dos ou landaus dans notre maison endormie, qui soudain s'éveille et revit.

Notre fille cadette dirige actuellement la société Jardins Secrets et nous l'aidons dans sa tâche d'accueil et de gestion, abandonnant avec un peu de regret

Page de gauche, en haut : travail sur verre : fleurs peintes et fleurs de calcin.

Page de gauche, en bas : le bassin bleu sous les verrières entouré de petits salons.

Ci-dessus : le Salon aux Étoiles : chatoiement des coussins, douceur des tapis, fraîcheur de l'eau.

nos jolis meubles peints du Chant des Fleurs. Depuis sa création, notre société emploie des salariés qui collaborent à l'entretien, à la construction et à la promotion des Jardins Secrets. Des étudiants en tourisme commentent avec fraîcheur les visites guidées. Tous ces acteurs aiment nos Jardins Secrets et s'y sentent bien.

Mais notre plus belle récompense est dans les liens qui se tissent, chaleureux et spontanés, avec les hommes et les femmes venus de tous les horizons. Surtout... ne pas les décevoir, eux qui viennent souvent de très loin en toute confiance. Ils repartent un peu abasourdis. Certains sortent encore incrédules, beaucoup se sentent heureux et réconfortés. Aux visiteurs inquiets du devenir de nos jardins, je réponds souvent :

« Avez-vous pensé en concevant votre enfant que le temps aura raison de sa fraîcheur, de sa jeunesse, et qu'il disparaîtra un jour ? ».

Les fleurs de joie dans leur écrin.

Notre aventure n'est-elle pas une tentative désespérée de transcender la poussière de vie qui nous anime dans une œuvre créatrice pour enfin donner un sens à notre existence, dérisoirement suspendue au temps ? Cet indolent sablier se fera-t-il encore complice pour nous laisser mener à bien notre entreprise ?

Que seront nos jardins après nous, lorsque les Parques, consciencieuses et sévères, auront tranché notre ruban ? Une jungle de liserons ensorcelés et d'herbes folles qui danseront le sabbat dans les allées disjointes où le vent aura semé des fleurs ?

Ce scénario d'une nature impérieuse qui reprendrait ses droits ne me déplaît pas et je préfère un jardin sauvage livré aux fleurs à un jardin dénaturé livré aux hommes qui, par maladresse ou cupidité, en trahiraient l'esprit et feraient de notre histoire d'amour une banale histoire d'argent. Sans vouloir capturer nos trois ondines dans les mailles de nos filets, nous espérons pouvoir leur confier notre fil d'Ariane. Elles seules qui nous ont vu souffrir et aimer sauront encore, après nous, sans trahir, le dérouler.

Aujourd'hui, les Jardins Secrets retentissent toujours de bruits d'outils, de discussions, de musique, de querelles, de rires, et nos petits-enfants y folâtrent avec des cris de joie. L'aîné des garçons a surnommé « jardingue » le jardin fou de son grand-père. À travers leurs jeux, tous les six cueillent, comme un bouquet de fleurs vivaces, les souvenirs et les émotions nécessaires à l'élaboration de leur jardin secret.

Puissent-ils toute leur vie s'amuser, comme nous, en travaillant à les construire.

Epilogue

Le rideau se lève sur le jardin déserté. Il y a dans la nuit comme un parfum de lys et de chèvrefeuille. À la clarté des roses blanches, deux ombres furtives se chamaillent à mi-voix.

Elle : « Oh non ! Tu ne vas pas faire un nouveau jardin au paradis ! Et sans en parler aux étoiles ! Tu es complètement fou ! »

Lui : « Ne t'inquiète pas ! Les étoiles, je m'en charge... Je sais comment les amadouer, laisse moi faire et tout ira bien ! »

Elle : « Je veux bien, mais tu crois que... tu ne crains pas que... ? »

Malicieusement, et pour en finir avec ces inutiles objections qui l'ennuient, il pointe son doigt au ciel et montre la lune. Complice à nouveau, elle sourit et murmure :

« Elle est très belle ce soir, mais regarde, là, dans le bassin, elle est encore plus belle ! »

Ils se penchent tous deux sur le miroir sombre et regardent en silence la lune ronde et rousse, coulée, superbe dans le grand bassin noir comme l'infini.

Soudain, ensemble :

« Tu sais ce qu'on devrait faire au jar... »

Le rideau tombe dans un froissement d'aile.

« Pour construire ton jardin, accroche ta charrue à une étoile. »

Proverbe berbère

Dans le rôle de l'Inspiré : Alain Moumen
Dans le rôle de l'Inspiratrice : Nicole Moumen
Dans le rôle des Ondines : Leïla, Myriam et Sonia

Naissance du Jardin andalou

1982 : travaux
de terrassement
sur l'emplacement
du futur Jardin andalou.

1982 : mise en place
de la pergola en bois
de séquoia.

1993 : construction
du bassin central.

2004 : le Jardin andalou
dans sa plénitude.

Les métamorphoses d'un jardin

1983 : première idée de jardin.

1989 : deuxième idée : on détruit et on recommence.

1989 : motifs de calades pour l'allée centrale.

1990 : ébauche des tours sculptées.

1990 : on érige, on cloue, on visse…

… Construction des clochetons.

Les Loges de la folie.

Petit glossaire à l'usage des curieux

Calades : décors de galets enfoncés à mi-hauteur dans un lit de béton fraîchement coulé.

Cèdre : bois mythique, rare et beau, se travaillant aisément et dégageant un parfum subtil. Sa résistance aux moisissures et aux insectes l'a désigné pour les constructions des palais d'Orient, en intérieur comme en extérieur.

Colle de peau (de lapin) : permet d'obtenir un apprêt transparent pour boucher les pores du bois avant tout travail de peinture. Conditionnée en plaques ou perles, on doit la réhydrater puis la chauffer jusqu'à l'obtention d'une glu que l'on passe à chaud au pinceau sur le meuble à décorer.

Gomme laque : résine provenant d'un arbre à laque, le butéa. Conditionnée en paillettes, elle se dissout à froid dans de l'alcool à 95°. La patine brune ainsi obtenue s'étend au pinceau en quatre ou cinq couches pour protéger le décor et colorer le bois.

Mélèze : arbre résineux à feuilles caduques utilisé en menuiserie. Sa bonne résistance aux intempéries permet aussi la construction de chalets de montagne.

Mortier de chaux : mélange de sable, de ciment blanc et de chaux hydraulique, teinté dans la masse avec des oxydes naturels. Ce mortier sèche sans cuisson et résiste au gel.

Moucharabieh : châssis habillé de fines colonnettes de bois tourné décorant portes et fenêtres et permettant aux femmes dans les harems de « voir sans être vues ».

Jardins Secrets

1. Le Jardin Délice
2. Le Petit Patio
3. La Cour du grand marronnier
4. Le Jardin andalou
5. La Petite Pergola
6. Le Jardin de l'apothicaire
7. La Cour des calades
8. Le Salon aux étoiles
9. Le Jardin intérieur
10. Le Salon marocain
11. La Chambre bleue
12. Le Salon indien
13. Le four à pain
14. Le Jardin des lyres
15. La Galerie des lyres
16. L'Allée des palmettes
17. L'Allée des roses
18. Les Loges de la folie
19. Le Jardin de curé
20. L'Île joyeuse
21. La ferme

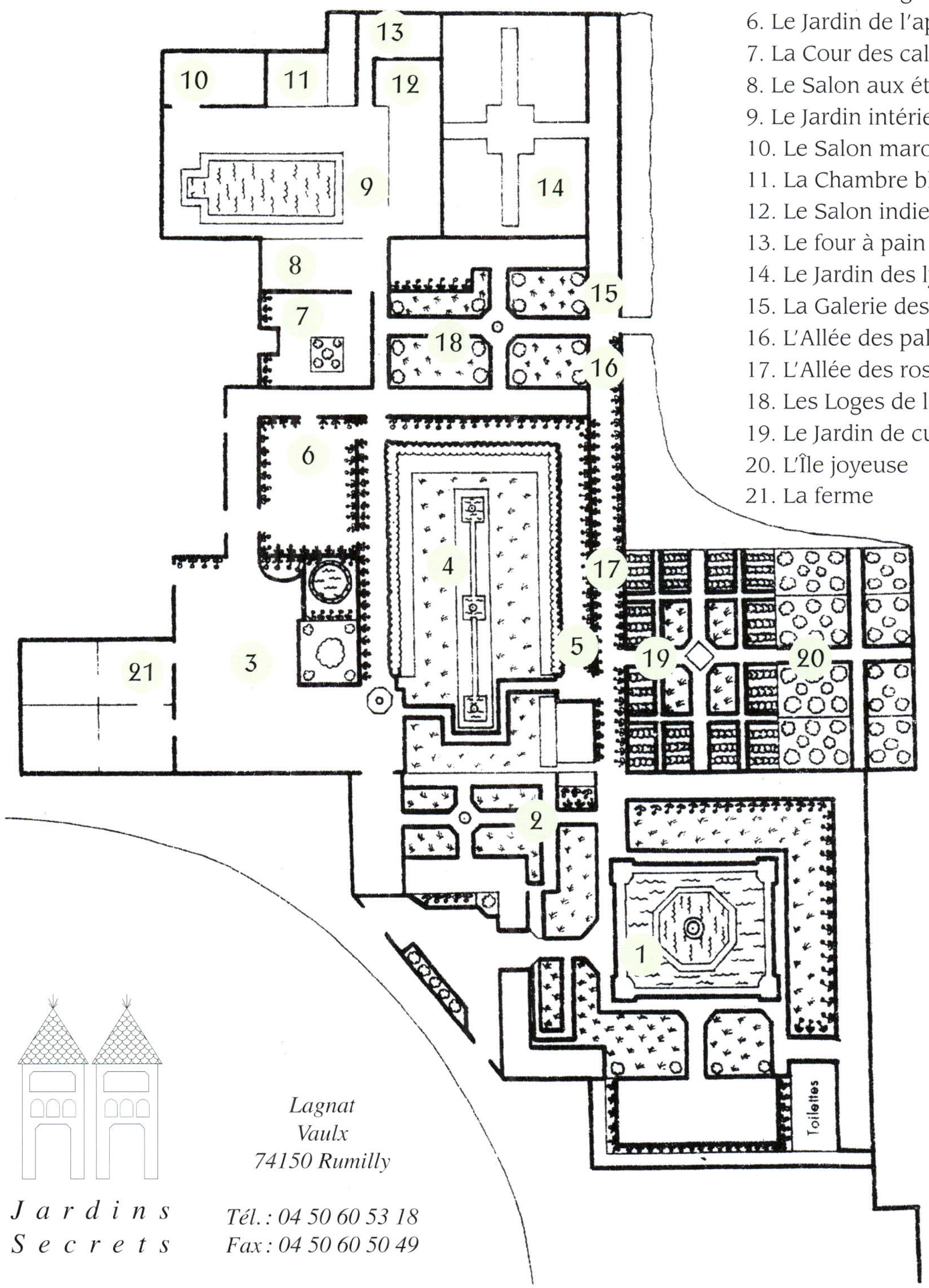

J a r d i n s
S e c r e t s

Lagnat
Vaulx
74150 Rumilly

Tél. : 04 50 60 53 18
Fax : 04 50 60 50 49

Quelques repères

1940 : naissance d'Alain.

1945 : naissance de Nicole.

1965 : rencontre de Nicole et Alain à l'institut médico-pédagogique de Saint-Louis-du-Mont à Bassens (73).

1966-1969 : naissance de Leïla, Myriam et Sonia. Les années de bohème entre mer et montagne (Haute-Savoie, Bouches du Rhône).

1969-1972 : naissance du Chant des Fleurs et premiers salons de décoration à Paris.

1972-1997 : les années d'artisanat (entreprise de meubles peints).

1980 : acquisition de la vieille ferme et installation de la famille à Vaulx, en Haute-Savoie.

1980-1992 : restauration de la ferme et construction des jardins à usage familial.

1992-1994 : décision d'ouvrir les jardins au public et aménagement du site.

1994 : création de l'association Jardins Secrets, première saison d'ouverture, 7 000 visiteurs.

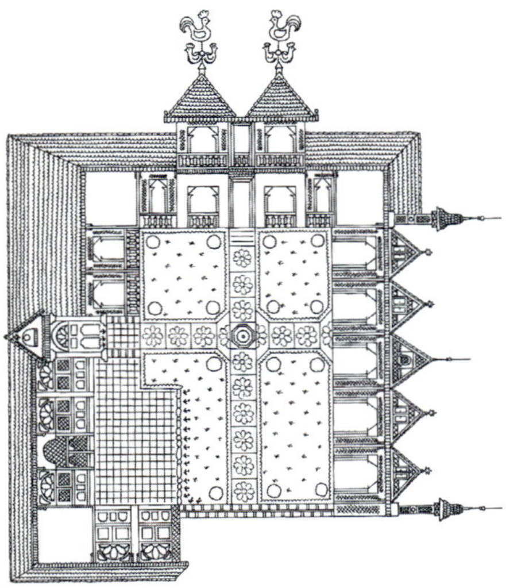

1995 : 19 000 visiteurs. Élaboration de nouveaux jardins.

1996 : 27 000 visiteurs. Création du Jardin des Lyres et de sa galerie.

1997 : Création de la SARL Jardins Secrets, 28 000 visiteurs. Aménagement de la vieille ferme : création de l'apothicairerie.

1998-2003 : vitesse de croisière, environ 35 000 visiteurs. Les jardins se construisent encore.

2004 : L'anniversaire des 10 ans, sortie d'un premier livre, *Jardins Secrets, secrets de vie*.